LEKTÜRE
FRANZÖSISCH

Muguet • Heller-Doyère

Sur la trace des ours et autres contes et nouvelles

für die Mittelstufe

STARK

Bildnachweis
Umschlagfoto: www.lacsdespyrenees.com
S. 4: Pam Roth
S. 6: Emmanuel Wuyts
S. 23, 26: André Comeille
S. 28: Lhotellier simon
S. 36: photo: www.malgache.com
S. 43: J. Weccardt
S. 47: swissboy
S. 48: www.aviewoncities.com
S. 51: psychoduck
S. 52: David Hewitt
S. 53: Philip Jackson
S. 54: Stefan Otto

ISBN: 3-89449-673-8

D-85318 Freising · Postfach 1852 · Tel. (0 81 61) 1790
u 05-03

Inhalt

Autorinnen: Emmy Muguet, Christiane Heller-Doyère

Vorwort

Liebe Schülerinnen, liebe Schüler,

im Mittelpunkt dieses Lektürebandes steht Okzitanien, eine Gegend am Fuß der Pyrenäen, die an Spanien angrenzt und deren Vergangenheit zahlreiche spannende Legenden birgt. Ein wichtiges Zentrum dieser Gegend ist Toulouse, die viertgrößte Stadt Frankreichs. Toulouse gilt durch den Bau des Airbus als Hauptstadt der europäischen Luftfahrtindustrie.

In den Geschichten erfahrt ihr viel über Toulouse, seine Legenden und den Airbus, über die Jagd nach Bären ohne Gewehr und über eine Maschine, mit der man Vögel waschen kann – aber auch über eine Familientradition in Madagaskar und über einen London-Ausflug französischer Schüler.

Um euch die Lektüre zu erleichtern, ist die deutsche Übersetzung schwieriger Wörter immer gleich am Seitenende mit angegeben.

Wir hoffen, dass diese Kurzgeschichten euer Interesse an Okzitanien wecken, und wünschen euch viel Spaß beim Lesen!

Emmy Muguet — Christiane Heller-Doyère

La puce[1] à l'oreille

La curiosité[2] est un grand défaut[3]. Vraiment ? C'est, en tout cas, ce que pensaient les habitants d'un petit village, perdu dans la campagne du sud de la France. À la poste, la vieille demoiselle[4] qui s'occupait du courrier[5] était très curieuse, et tout le monde pensait qu'elle ouvrait et lisait les lettres qui passaient entre ses mains.

À quelques kilomètres de là, vivait dans son château, un comte[6] qui correspondait régulièrement avec un ami. Lui aussi soupçonnait[7] la postière[8] de lire ses lettres. Un jour, comme il en avait assez, il a décidé de lui tendre un piège[9]. Il a envoyé la lettre suivante à son ami :

« Cher ami, je t'envoie dans cette enveloppe une puce que tu trouveras si ma lettre n'a pas été ouverte. »

Bien sûr, il n'avait pas mis de puce dans l'enveloppe, et pourtant, son ami en a trouvé une quand il a ouvert la lettre.

---

1 *la puce* – Floh
2 *la curiosité* – Neugier
3 *le défaut* – Fehler, Untugend
4 *la demoiselle* – Fräulein
5 *le courrier* – Briefverkehr, Post
6 *le comte* – Graf
7 *soupçonner* – verdächtigen
8 *la postière* – Postangestellte
9 *tendre un piège* – eine Falle stellen

La sucette

Christine a sept ans. Tout le monde dit qu'elle est très petite pour son âge, mais elle, elle trouve qu'elle est déjà grande.

Chaque année, elle passe les grandes vacances à la campagne chez une vieille tante qui habite près d'un petit village. La tante de Christine ne s'est jamais mariée[1], elle vit seule, et la petite fille qui n'a pas d'amis pour jouer avec elle, s'ennuie souvent.

Mais aujourd'hui, heureusement, c'est mardi, son jour préféré, le plus beau jour de la semaine. Le mardi, c'est le jour du marché, et surtout, c'est le jour du pain. Chaque mardi, sa tante l'envoie chercher un gros pain de deux kilos à la boulangerie du village. Le gros pain de campagne est meilleur marché que les baguettes, et surtout, on peut en manger pendant toute la semaine car il reste frais.

Le magasin est loin, à plus de deux kilomètres, aller et retour, et le pain est lourd à porter, mais Christine est contente car elle sait qu'avec le pain, il y a la sucette[2].

Dans les années cinquante, les enfants ne sont pas gâtés[3], et la sucette que la boulangère lui donne chaque mardi est la seule friandise[4] que reçoit la petite fille.

Elle y pense tout le temps pendant que ses petites jambes la portent vers la boulangerie. Elle va pouvoir choisir une sucette ! Elle en prendra une rouge, le rouge est sa couleur

---

1 *se marier* – heiraten
2 *la sucette* – Lutscher
3 *gâté, -e* – verwöhnt
4 *la friandise* – Süßigkeit, Leckerei

préférée, et les sucettes rouges sont les meilleures. Fraise … framboise[5] … cerise[6] …

Elle entre dans la boulangerie. La boulangère qui l'aime bien lui donne le pain, parle un peu avec elle et dit enfin les mots que la petite fille attend.

– Choisis une sucette.

Christine prend une sucette à la cerise, remercie la boulangère et rentre à la maison, le gros pain sous le bras et son trésor dans sa poche.

Sur la route, elle pense à la sucette. Elle ne va pas la manger tout de suite, elle en mangera un peu ce soir, un peu demain et le reste après-demain. Elle est presque arrivée à la maison. Elle met la main dans sa poche pour regarder la belle sucette rouge et … où est-elle ? Elle cherche dans toutes ses poches, regarde partout et comprend qu'elle l'a perdue. Quelle catastrophe ! Sans hésiter[7], elle repart tout de suite à la boulangerie.

La boulangère est surprise.

– Tu as oublié quelque chose ?

– Non madame, mais c'est terrible … j'ai perdu la sucette.

– Ça ne fait rien, prends-en une autre.

Comme elle est gentille, cette dame, et comme Christine est contente ! Cette fois, elle choisit une sucette à la fraise, remercie[8] plusieurs fois la boulangère et rentre chez elle avec le gros pain qu'elle porte toujours sous le bras.

À quelques mètres de la maison, elle s'arrête tout à coup. Elle voit quelque chose de rouge par terre. Qu'est-ce que c'est ? Mais oui, c'est la sucette à la cerise, celle qu'elle a perdue, qu'elle a cherchée partout et qu'elle vient de retrouver.

---

5 *la framboise* – Himbeere
6 *la cerise* – Kirsche
7 *hésiter* – zögern
8 *remercier* – danken

Alors, pour la troisième fois, sans penser à la longue route et à la fatigue qui lui fait mal aux jambes, la fillette retourne à la boulangerie.

La boulangère est de plus en plus étonnée[9]. Elle fronce les sourcils[10].

– Qu'est-ce qui se passe ? Tu as encore perdu ta sucette ?

– Non madame, tenez, la voilà, j'ai retrouvé l'autre !

Maintenant la boulangère a compris. Elle dit avec un grand sourire :

– Tu peux les garder toutes les deux, et maintenant, rentre vite chez toi, ta tante va se demander ce que tu fais !

Christine est heureuse. Elle oublie la fatigue, tous les kilomètres, le gros pain de plus en plus lourd et elle rentre chez elle avec, pour la première fois, deux sucettes dans sa poche.

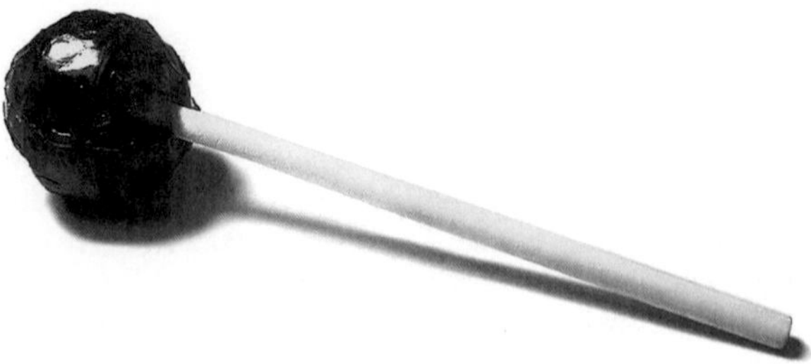

---

9 *étonné, -e* – erstaunt

10 *froncer les sourcils (m. pl.)* – die Stirn runzeln

Jours tranquilles[1] dans « l'Airbus Valley »

Non, nous ne sommes pas aux États-Unis, mais bien en France, dans le sud-ouest du pays, à Toulouse, une grande et belle ville située sur les bords de la Garonne[2]. Plus de vingt mille citoyens[3] de l'Union Européenne, Allemands et Britanniques surtout, vivent et travaillent dans ce lieu que les habitants de Toulouse appellent avec humour « l'Airbus Valley »[4].

Dans les immenses bâtiments des usines Airbus, mille trois cents personnes de vingt-trois nationalités différentes se retrouvent chaque jour.

Treize heures. David V., de nationalité anglaise, chargé du service de presse, et Johannes K., responsable[5] allemand du développement[6], se retrouvent à la cantine pour manger ensemble une spécialité régionale : le magret de canard[7] accompagné d'un bon vin de Bordeaux.

Pourquoi vivent-ils à Toulouse ? Parce qu'il n'y a que deux endroits au monde où l'on peut fabriquer un avion de plus de cent places : Seattle aux États-Unis, et Toulouse en France.

David V. s'est installé à Toulouse avec sa jeune femme en 1983. Il s'entraîne au cricket sur le terrain de rugby du village voisin. Johannes K. a quitté l'Allemagne et est venu vivre et travailler à Toulouse avec sa famille, il y a un peu plus de seize

---

1 *tranquille* – ruhig, friedlich
2 *la Garonne* – Fluss in Südwestfrankreich
3 *citoyen, -ne* – Bürger, -in
4 *« Airbus Valley »* – Anspielung auf „Silicon Valley" in den USA
5 *responsable* – verantwortlich
6 *le développement* – Entwicklung
7 *le magret de canard* – Entenbrust

ans. Il chante à la chorale[8] et joue aux boules avec ses collègues français sur la place du village.

Que représente Toulouse pour ces hommes, en dehors de[9] leur travail ?

Avant tout, un cadre[10] de vie très agréable qui leur permet d'aller skier dans les Pyrénées toutes proches ou de visiter la campagne environnante[11]. La région de Toulouse est également célèbre pour sa gastronomie. Les jeunes, Allemands et Anglais, peuvent aussi continuer leurs études dans un lycée international où ils ont des cours dans leur langue maternelle.

Beaucoup d'entre eux profitent de la vie culturelle très riche de « l'Airbus Valley » en participant à des chorales et en s'inscrivant à l'école de musique. Les deux premiers violons de l'orchestre du Conservatoire sont deux jeunes Allemandes.

Souhaitons longue vie à l'Airbus, le plus bel exemple d'une réussite basée sur la coopération européenne !

---

8 *la chorale* – Chor
9 *en dehors de* – hier: abgesehen von
10 *le cadre* – Rahmen
11 *environnant, -e* – umliegend

L'affaire[1] Calas

Dans la soirée du 13 octobre 1761, Marc-Antoine Calas, un jeune homme de 28 ans, est retrouvé mort devant la maison de ses parents, dans une rue de Toulouse.

Cette mort n'est pas un accident. Le jeune homme a été étranglé[2].

Par qui ? La police reçoit aussitôt beaucoup de témoignages[3]. Tout le monde veut avoir vu ou entendu quelque chose, mais toutes les déclarations se contredisent[4] et la mort du malheureux garçon reste mystérieuse.

Or à cette époque, plus de cent ans après la fin des guerres de religion qui avaient fait beaucoup de mal à la France, les catholiques et les protestants continuent de s'affronter[5].

Toulouse est une ville très catholique et l'influence de son évêque[6] y est très importante.

Les parents de Marc-Antoine Calas sont des commerçants très connus à Toulouse, mais ils ont le malheur d'être protestants. Leur fils avait exprimé le désir de changer de religion.

Voilà une explication toute trouvée pour expliquer le meurtre[7], et Jean Calas est accusé[8] d'avoir tué son fils pour l'empêcher de se convertir à la religion catholique.

---

1 *l'affaire (f.)* – hier: der Fall
2 *étrangler* – erwürgen
3 *le témoignage* – Zeugenaussage
4 *se contredire* – sich widersprechen
5 *s'affronter* – sich bekämpfen
6 *l'évêque (m.)* – Bischof
7 *le meurtre* – Mord
8 *accuser* – anklagen, beschuldigen

Jean Calas clame son innocence[9]. Sa famille, sa femme, ses amis le soutiennent. Ses quatre enfants répètent qu'il est le meilleur des pères. Rien ne peut l'aider.

Après une enquête[10] trop vite menée et un procès rapide, les juges[11], influencés par le peuple catholique de Toulouse, condamnent le malheureux accusé à la peine de mort.

Le 10 mars, il subit le supplice de la roue[12]. Il est attaché par les mains et les pieds sur une roue que l'on fait tourner pendant le supplice[13]. On commence par lui casser les bras et les jambes.

Devant la foule qui se presse[14] pour assister au spectacle, Jean Calas continue à crier son innocence. Il pleure la mort de son fils qu'il aimait beaucoup et déclare pardonner à ses juges.

Le prêtre catholique qui reste près de lui ne peut s'empêcher d'admirer son courage.

Pour finir, on étrangle le pauvre homme avant de jeter son corps torturé sur un bûcher[15] où il sera brûlé.

Cette condamnation[16] sans preuve[17] et cette mort horrible choquent non seulement toute la France mais encore toute l'Europe. En Allemagne, un artiste peintre représente sur un tableau les adieux de Jean Calas à sa famille.

Voltaire, un célèbre écrivain français, est sûr que Calas est innocent. Il entreprend des recherches, pose beaucoup de questions et obtient des informations précises sur cette affaire.

---

9 *clamer son innocence (f.)* – seine Unschuld beteuern
10 *l'enquête (f.)* – Untersuchung
11 *le juge* – Richter
12 *il subit le supplice de la roue* – er wird gerädert
13 *le supplice* – Folter
14 *se presser* – hier: sich drängen
15 *le bûcher* – Scheiterhaufen
16 *condamner* – verurteilen
17 *la preuve* – Beweis

Il s'aperçoit que parmi les treize jurés[18] qui ont jugé Jean Calas, cinq ont déclaré qu'il était innocent. De plus, il n'y a aucun témoin[19] du meurtre, personne n'a vu l'assassin[20], il n'y a aucune preuve qui permette d'affirmer que c'est Calas qui a tué son fils. Finalement, Voltaire obtient que l'affaire soit jugée à nouveau.

Le deuxième procès a lieu à Paris et non à Toulouse. Jean Calas est enfin reconnu innocent et sa mémoire est réhabilitée.

---

18 *le juré* – Geschworener
19 *le témoin* – Zeuge
20 *l'assassin (m.)* – Mörder

Un artiste en prison

À la fin du XVIIème siècle, à l'époque où le grand roi Louis XIV, le Roi Soleil, règne sur la France, naît à Toulouse un garçon appelé Pierre Hélie. Il grandit sans histoires et, très tôt, il montre des dons artistiques[1] qui impressionnent son entourage[2]. Le jeune homme écrit des poèmes, dessine et peint de très beaux tableaux que tout le monde admire.

Malheureusement, sa famille est pauvre et son travail de peintre ne suffit pas à le faire vivre.

Pierre est le premier né d'une famille nombreuse, il doit donner le bon exemple[3] à ses frères et sœurs. Son père, qui n'accepte pas que son fils soit un artiste incapable de gagner correctement sa vie, le chasse[4] de la maison. D'un jour à l'autre, Pierre se retrouve à la rue, seul et sans argent.

À cette époque, Toulouse est déjà une grande ville, pleine de petites rues pittoresques et animées. On y trouve de nombreuses auberges où les Toulousains aiment se retrouver pour manger, boire, et s'amuser. C'est dans une de ces auberges que Pierre Hélie fait la connaissance d'une bande de mauvais garçons aussi pauvres que lui. Il y passe toutes ses nuits avec eux. Il joue, il boit beaucoup.

Ses nouveaux amis remarquent vite que Pierre est un grand artiste, et, un jour qu'ils n'ont plus du tout d'argent, ils lui demandent de fabriquer de la fausse monnaie.

---

1 *les dons (m. pl.) artistiques* – künstlerische Fähigkeiten, künstlerische Begabung
2 *l'entourage (m.)* – Umfeld
3 *donner le bon exemple* – mit gutem Beispiel vorangehen
4 *chasser qn* – hier: hinausjagen

Pierre accepte. À cette époque, les billets de banque n'existent pas encore. Ses amis lui demandent donc de copier les pièces[5] qui servent de monnaie. Ils le conduisent dans une cave[6] où il découvre un véritable atelier de forgeron[7]. Dans un coin de la pièce, il aperçoit une quantité de morceaux de métal que ses copains ont trouvés un peu partout. Il se met tout de suite au travail.

Au début, tout va bien. Les jeunes gens dépensent leur argent sans compter. Mais bientôt cette richesse soudaine et inexpliquée attire l'attention de la police.

Un jour que Pierre est seul dans la cave, très occupé à fabriquer les pièces dont ses amis ont de plus en plus besoin, il entend un grand bruit au dehors. Deux gendarmes ouvrent brutalement la porte, ils se jettent sur le pauvre garçon qui n'a pas le temps de comprendre ce qui lui arrive, et on le met aussitôt en prison.

Le jeune homme se retrouve seul, dans une cellule humide[8] et froide de la prison de Toulouse.

La seule présence humaine est celle des gardiens[9] qui lui apportent une fois par jour une soupe et un morceau de pain, mais Pierre ne veut pas leur parler. Il refuse toute communication avec eux. Il a peur, il a très peur. Sous Louis XIV on pend[10] souvent les prisonniers ! Est-ce qu'on va le comdamner à mort ? Combien de temps va-t-il rester ici ? Où sont ses amis ? Est-ce qu'ils ont été arrêtés par la police, eux aussi ? Personne ne vient le voir, personne ne demande de ses nouvelles, il se sent seul et abandonné[11] de tous. Il se

---

5 *la pièce* – hier: Geldstück, Münze
6 *la cave* – Keller
7 *le forgeron* – Schmied
8 *humide* – feucht
9 *le gardien* – Wächter
10 *pendre* – hängen
11 *abandonné, -e* – verlassen

laisse aller au désespoir[12]. Il reste toute la journée allongé ou assis sur son lit.

Et puis un jour, après de longues semaines de silence et à la grande surprise de ses gardiens, il leur demande de lui apporter une grande feuille de papier et un crayon.

Le lendemain matin, quand le gardien vient lui apporter son repas, il est tout surpris de trouver Pierre à genoux[13] derrière la porte. Il a dessiné un magnifique portrait du Christ sur la feuille qu'on lui a donnée et il l'a accrochée à la porte de sa cellule.

Désormais, il passe tout son temps à prier[14] devant cette image. Le Christ représenté sur le dessin est particulièrement beau. Les traits du visage[15] sont très fins. L'artiste a mis tout son talent dans ce tableau.

Pierre a beaucoup changé. Il est sorti de sa tristesse, il ne se révolte plus. Il parle maintenant avec ses gardiens qui sont contents de le voir si calme.

En le voyant prier tous les jours, à genoux devant le tableau, ils pensent que Pierre regrette sa faute et qu'il demande pardon à Dieu. Jour après jour, leur méfiance se relâche[16], ils le surveillent[17] de moins en moins.

Et puis, un matin, en arrivant devant la cellule de Pierre, un gardien découvre un grand trou[18] dans la porte. L'artiste s'est évadé[19]. Il comprend tout de suite, mais trop tard, ce qui s'est passé.

Pendant qu'ils le croyaient en train de prier, le jeune

---

12 *se laisser aller au désespoir* – sich der Verzweiflung hingeben
13 *à genoux* – knieend
14 *prier* – beten
15 *les traits (m. pl.) du visage* – Gesichtszüge
16 *se relâcher* – nachlassen, sich lockern
17 *surveiller* – überwachen
18 *le trou* – Loch
19 *s'évader* – fliehen

homme a découpé[20] peu à peu la porte autour du tableau. Pendant la dernière nuit, il n'a eu qu'à pousser le morceau de bois pour qu'il tombe. C'est ainsi que Pierre Hélie a pu sortir de sa prison et a retrouvé le goût de la liberté.

20 *découper* – aufschneiden

Une idole toulousaine : « La Belle Paule »

En ce printemps de l'année 1520, la ville de Toulouse est particulièrement agitée[1]. Le roi François Premier qui rentre d'Italie où il vient de mener une guerre longue et difficile, a décidé de s'arrêter quelques jours dans le sud-ouest de son royaume[2]. C'est à Toulouse que le roi a choisi de faire halte pour se reposer, avant de retrouver son château de Chambord, au bord de la Loire.

À cette époque, Toulouse connaît son siècle d'or. Dans la campagne toulousaine on cultive une plante, le pastel, qui sert à la fabrication des couleurs utilisées pour teindre[3] les étoffes. La région est la seule à cultiver cette plante et les marchands de la ville qui en font le commerce sont tous riches. Ils se font construire de belles maisons en brique[4] et bientôt Toulouse est aussi appelée « La ville rose ». Les peintres, les poètes, les artistes qui y vivent sont inspirés[5] par le luxe et la beauté des femmes et des filles de ces riches commerçants.

Parmi les Toulousaines qui inspirent les poètes, l'une d'elles va susciter[6] de grandes passions[7].

Elle s'appelle Paule de Viguier. Elle n'a que quatorze ans lorsque Toulouse attend la visite de son roi, mais toute la ville a déjà remarqué la grande beauté de la jeune fille. Elle est grande, blonde, elle a de magnifiques yeux bleus et surtout

---

1 *agité, -e* – aufgeregt, in Aufruhr
2 *le royaume* – Königreich
3 *teindre* – färben
4 *la brique* – Ziegel
5 *inspirer* – inspirieren
6 *susciter* – hervorrufen, erwecken
7 *la passion* – Leidenschaft

un teint très clair qui la distingue[8] des autres femmes de la région. Dans le sud de la France, les jeunes filles sont petites, brunes avec une peau mate[9]. Paule est aussi la fille d'un des hommes les plus riches de Toulouse et c'est tout naturellement elle que l'on choisit pour offrir les clés de la ville au roi en visite.

François Premier sait apprécier[10] la beauté. À Florence, il a découvert de magnifiques œuvres d'art[11]. Il a même rencontré Léonard de Vinci qu'il a invité à venir à sa cour. Le grand peintre passera en effet les dernières années de sa vie en France, dans un château de la Loire. Il y mourra après avoir vendu au roi son tableau de « La Joconde », la célèbre[12] « Mona Lisa » que l'on peut admirer aujourd'hui au musée du Louvre.

Lorsque la belle jeune fille se met à genoux[13] devant le roi pour lui présenter les clés de la ville sur un coussin de soie[14], le roi s'écrie « ah ! La belle Paule ! ».

L'expression est restée dans l'Histoire.

Désormais Paule est célèbre dans toute la ville et tous les jeunes hommes, beaux ou laids, riches ou pauvres cherchent à attirer son attention, à croiser son regard. Tous rêvent d'être aimés d'elle, et beaucoup d'entre-eux osent même rêver de mariage.

Malheureusement pour tout le monde et surtout pour Paule, les jeunes filles de cette époque ne peuvent pas choisir elles-mêmes leur mari. Monsieur de Viguier a décidé de donner sa fille en mariage à un magistrat[15] de Toulouse. Cet

---

8 *distinguer* – unterscheiden
9 *mat, -e* – hier: braungebrannt
10 *apprécier* – schätzen
11 *l'œuvre (f.) d'art* – Kunstwerk
12 *célèbre* – berühmt
13 *se mettre à genoux* – sich hinknien
14 *le coussin de soie* – Seidenkissen
15 *le magistrat* – Richter

homme n'est ni jeune ni beau mais il vient d'une famille très connue et, ce qui compte le plus pour monsieur de Viguier, il est très riche. Paule ne l'aime pas, mais elle doit obéir à son père. Elle accepte de se marier.

On pourrait penser que cette histoire plutôt triste s'arrête là. Pas du tout ! Les admirateurs de Paule savent qu'elle n'est pas heureuse, qu'elle n'aime pas son mari. Ils sont toujours attirés par sa beauté et très amoureux d'elle. Ils essaient de la voir, de l'approcher, de lui parler, ce qui provoque de véritables émeutes[16] sur son passage[17]. La jeune femme n'ose plus se montrer, elle se cache le visage pour sortir, mais cela ne suffit pas à les calmer.

Un jour, fatigués par le bruit et le tumulte qui se fait sans arrêt autour de la jeune femme, les voisins de Paule vont se plaindre aux autorités[18] de la ville. On lui fait un procès.

Pour ramener le calme parmi les amoureux frustrés de la belle Toulousaine, on l'oblige à paraître deux fois par semaine sur son balcon.

L'histoire ne dit pas combien de temps Paule de Viguier a dû s'exposer[19] ainsi aux regards de ses admirateurs passionnés. Nous savons seulement qu'elle a vécu très longtemps et que pendant toute sa longue vie, elle est restée toujours aussi belle.

Quand elle est morte à l'âge de 92 ans, son visage avait conservé, malgré les rides[20], sa merveilleuse beauté.

---

16 *l'émeute (f.)* – Aufruhr
17 *sur son passage* – hier: wenn sie vorbeigeht
18 *les autorités* – Behörde
19 *s'exposer* – hier: sich öffentlich zeigen
20 *la ride* – Falte

Le sabot[1] de Bethmale

Au cœur des Pyrénées françaises se trouve la jolie vallée[2] de Bethmale. Ses habitants portaient autrefois de très curieux sabots. C'étaient des chaussures en bois dont le bout[3] se terminait par une longue pointe[4] qui formait un angle[5] de 90°. La forme de ce sabot est à l'origine d'une légende.

Vers l'an mille, après avoir traversé les Pyrénées, les Maures venus d'Espagne ont déclaré la guerre aux habitants de la vallée. Après une longue et cruelle[6] bataille[7], les hommes de Bethmale ont dû abandonner[8] leur village et partir se cacher[9] dans la montagne. Les Maures se sont alors installés dans le village, et les jeunes femmes abandonnées par leurs maris se sont vite consolées[10] avec les beaux guerriers ennemis[11].

Mais les fiers[12] montagnards[13] de Bethmale préparaient une vengeance[14] terrible et sans pitié[15].

Une nuit, ils sont descendus de la montagne et ont attaqué

---

1 *le sabot* – Holzschuh
2 *la vallée* – Tal
3 *le bout* – Ende
4 *la pointe* – Spitze, Zipfel
5 *l'angle (m.)* – Winkel
6 *cruel, -le* – grausam
7 *la bataille* – Schlacht
8 *abandonner* – verlassen
9 *se cacher* – sich verstecken
10 *se consoler* – sich trösten
11 *ennemi, -e* – feindlich
12 *fier, fière* – stolz
13 *le montagnard* – Bergbewohner
14 *la vengeance* – Rache
15 *la pitié* – Erbarmen, Mitleid

les Maures. La veille[16], il y avait eu une grande fête au village et tout le monde avait beaucoup bu. Incapables[17] de se défendre, tous les Maures ont été massacrés.

Le lendemain matin, on a vu un jeune homme de Bethmale traverser le village, avec, à la pointe de ses sabots, le cœur de sa fiancée[18] et celui du guerrier[19] maure qui lui avait volé la femme qu'il aimait. Il criait : Regardez, voilà la punition[20] des femmes infidèles[21] !

Aujourd'hui, personne ne porte plus ce genre de chaussures. Seuls les touristes qui ont la chance de visiter la vallée de Bethmale achètent ces sabots à la forme étrange[22], sans connaître la triste légende de leur forme typique.

16 *la veille* – Vorabend
17 *incapable* – unfähig, nicht imstande
18 *la fiancée* – Verlobte
19 *le guerrier* – Krieger
20 *la punition* – Strafe
21 *infidèle* – untreu
22 *étrange (adj.)* – seltsam, sonderbar

Un taureau lâché[1] dans Toulouse

Quatrième ville de France, capitale de la région Midi-Pyrénées située entre l'Atlantique et la Méditerranée, Toulouse a beaucoup à offrir aux milliers de touristes qui viennent la visiter.

Avec ses monuments, ses ponts sur la Garonne, ses églises, ses belles maisons anciennes, la vieille ville est le témoin[2] d'un passé riche en événements où l'histoire et la légende se confondent[3] souvent.

Parmi les nombreuses cathédrales que compte la ville de Toulouse, la plus belle est certainement la basilique de Saint-Sernin, un pur chef-d'œuvre[4] de l'art roman.

Saint-Sernin ? Personne n'a jamais entendu parler d'un saint qui s'appelait Sernin. C'est parce qu'en occitan (langue que l'on parlait autrefois dans le sud de la France), Sernin se traduit par Saturnin, prénom que portait il y a très longtemps le premier évêque[5] de Toulouse.

Nous sommes au troisième siècle après Jésus Christ et Toulouse est alors une colonie romaine. Ses habitants adorent des idoles qui sont des dieux romains et ils ont construit des temples en différents endroits de la ville.

Dans le même temps, la religion chrétienne commence à se développer et de plus en plus de Toulousains croient en un Dieu unique[6].

---

1 *lâcher* – loslassen
2 *le témoin* – Zeuge
3 *se confondre* – ineinander übergehen
4 *le chef-d'œuvre* – Meisterwerk
5 *l'évêque (m.)* – Bischof
6 *un Dieu unique* – ein einziger Gott

Les Romains tolèrent plus ou moins bien cette nouvelle religion. Ils acceptent cependant que les chrétiens se rassemblent[7] régulièrement dans une petite église qu'ils ont construite près d'un temple. Ils ont même accepté la venue à Toulouse d'un jeune évêque qui s'appelle Saturnin.

Un jour de novembre de l'an 250, Saturnin se rend à la messe avec quelques fidèles[8]. En passant devant le temple romain, il voit une grande foule rassemblée autour d'un prêtre qui se prépare à sacrifier[9] un taureau[10] au dieu Jupiter. Les dieux sont en colère[11] contre les habitants de Toulouse. Ils ne répondent plus à leurs prières[12]. Pourquoi ? Est-ce à cause de cette nouvelle religion ? Est-ce que les chrétiens sont responsables de cette situation ?

Saturnin s'est arrêté devant le prêtre. La foule le reconnaît tout de suite. Le voilà, l'ennemi[13] de notre religion ! C'est à cause de lui que nos dieux ne nous écoutent plus ! Il faut le sacrifier avec le taureau. Offrons sa vie à Jupiter. Aussitôt on entoure Saturnin, on le sépare de ses compagnons, on le pousse[14] dans le temple avec violence. La foule veut l'obliger à s'incliner[15] devant les idoles. L'évêque se révolte. Il refuse de reconnaître ce qu'il appelle de faux dieux. Il est alors battu et jeté à terre. On lui lie[16] les pieds avec une corde[17] dont on attache l'autre bout au taureau préparé pour le sacrifice. La

---

7 *se rassembler* – sich versammeln
8 *le fidèle* – Gläubiger
9 *sacrifier* – opfern
10 *le taureau* – Stier
11 *en colère* – wütend
12 *la prière* – Gebet
13 *l'ennemi, -e* – Feind, -in
14 *pousser* – stoßen
15 *s'incliner* – sich verbeugen
16 *lier* – hier: fesseln
17 *la corde* – Seil

foule furieuse excite[18] l'animal qui sort du temple au galop en traînant derrière lui le corps de Saturnin. L'évêque a la tête et les membres brisés[19] par les marches de l'escalier du temple. Le taureau continue sa course[20] jusqu'à ce que la corde finisse par se casser[21]. Un corps sans vie reste sur place. Les chrétiens ont peur, personne n'ose aller chercher le mort qui va rester jusqu'au soir à l'endroit où le taureau s'est arrêté. Enfin, lorsque la nuit tombe, deux jeunes filles plus courageuses que les hommes mettent le corps de Saturnin dans un cercueil[22] et l'enterrent[23] sur place.

Cet endroit devient un lieu de prière sur lequel on construit une petite église.

Plus tard, au Xème siècle, la tombe est déplacée un peu plus loin, et on commence la construction de la magnifique basilique Saint-Sernin.

Aujourd'hui encore, des noms de places et de rues, comme par exemple la rue du Taur (rue du Taureau), rappellent aux visiteurs de Toulouse le souvenir de l'évêque Saturnin, saint martyr de la foi[24] chrétienne.

---

18 *exciter* – reizen
19 *brisé, -e* – gebrochen
20 *la course* – hier: Rennen
21 *se casser* – hier: reißen
22 *le cercueil* – Sarg
23 *enterrer* – begraben
24 *la foi* – Glaube

Elliot et le serpent[1]

« Pouvez-vous garder Elliot pendant quelques semaines ? Je dois partir demain à Paris pour m'occuper de ma mère qui est malade, je ne peux pas l'emmener. »

Madame Buzet hésite. Sa meilleure amie est devant sa porte avec Elliot, un gros chien très gentil qui habituellement ne pose pas de problèmes mais qui prend beaucoup de place. La famille Buzet a aussi un chien, un petit bâtard[2] blanc qui s'appelle Fifi et que les enfants David et Marion adorent. Les deux chiens sont très différents l'un de l'autre. Fifi est petit, bruyant[3], incapable de rester tranquille[4] plus de quelques minutes alors qu'on n'entend jamais Elliot qui est toujours très calme pourvu[5] qu'on le laisse tranquille. Dans trois jours, toute la famille va partir en vacances au bord de la mer. Monsieur Buzet est allé la semaine dernière installer leur caravane dans le sud de la France, sur un terrain de camping où ils vont tous les ans. Est-ce qu'ils auront assez de place pour les deux chiens ? Est-ce que Fifi et Elliot vont s'entendre ? Finalement, c'est son fils David qui décide :

– On l'emmène avec nous, maman !

Trois jours plus tard, après un voyage long et fatigant, parents et enfants arrivent enfin au camping avec les deux chiens qui semblent devenus amis.

Il fait très chaud, et la mer Méditerranée est là, toute bleue,

---

1 *le serpent* – Schlange
2 *le bâtard* – Mischrasse, Mischling
3 *bruyant* – laut
4 *tranquille* – ruhig
5 *pourvu que* – vorausgesetzt, dass

toute proche. Les enfants voudraient aller tout de suite sur la plage, mais il n'est pas question de se baigner maintenant. Ils vont d'abord monter leur tente avec leur père pendant que leur mère va ranger dans la caravane les affaires[6] et les provisions qu'ils ont apportées de Toulouse.

Madame Buzet ouvre la porte de la caravane, fait quelques pas et se met à crier. Un gros serpent se dresse devant elle et en quelques secondes disparaît sous le lit. Les cris de sa femme ont attiré monsieur Buzet qui arrive aussitôt avec les chiens et les enfants. Fifi aboie[7] comme un fou pendant qu'Elliot se contente de regarder la scène.

Madame Buzet est sortie en courant. Elle a très peur. Elle explique qu'il y a un gros serpent dans la caravane et qu'elle n'y entrera plus tant que[8] l'animal sera sous le lit !

Les enfants rient avec leur père, on ne la prend pas au sérieux, mais personne ne se sent assez courageux pour aller voir si madame Buzet ne s'est pas trompée[9]. Enfin monsieur Buzet prend un bâton[10] et entre dans la caravane avec Fifi qui aboie de plus en plus fort mais qui reste prudemment derrière lui. Il regarde sous le lit. Pas de serpent ! Il cherche sous les

---

6 *les affaires (f. pl.)* – persönliche Gegenstände, Sachen
7 *aboyer* – bellen
8 *tant que* – hier: solange
9 *se tromper* – sich irren
10 *le bâton* – Stock

coussins, dans tous les coffres, rien ! Le serpent a disparu. Où est-il ? Personne ne l'a vu sortir et pourtant il n'est plus dans la caravane. Monsieur Buzet sort, suivi de Fifi dont les aboiements semblent vouloir dire :

– Vous avez vu ? Le serpent a eu peur de moi, il est parti dès qu'il m'a vu.

Elliot est resté à côté de la voiture. Il ne bouge pas et se contente de grogner[11] lorsque Fifi, très fier, s'approche de lui pour lui faire remarquer qu'il n'y a pas besoin d'être un gros chien pour faire peur à un serpent, il suffit d'aboyer très fort.

Très vite, la famille Buzet oublie l'incident[12]. On est en vacances, il fait beau, la mer est chaude et bientôt, tout le monde se retrouve sur la plage avec les deux chiens qui restent à l'ombre du parasol pendant que parents et enfants s'amusent dans l'eau.

Le soir, personne ne pense plus au serpent, enfin presque… Madame Buzet regarde encore une fois sous le lit avant de se coucher et David et Marion sont bien contents de dormir sous leur tente.

Elliot observe la caravane, aboie deux ou trois fois comme s'il voulait dire quelque chose et décide finalement d'aller dormir devant la tente des enfants. Fifi, lui, dort dans la caravane.

Le lendemain matin, monsieur et madame Buzet sont réveillés par les aboiements affolés[13] de Fifi qui est devant la porte et qui veut sortir. Madame Buzet se lève, ouvre la porte au chien qui part en courant, et aperçoit au même moment, sous la table, le serpent qui lève la tête vers elle en sifflant[14].

---

11 *grogner* – hier: knurren
12 *l'incident (m.)* – Vorfall
13 *affolé, -e* – erschrocken
14 *siffler* – hier: zischen

Elle hurle, se précipite[15] dehors, suivie de son mari qui a aussi peur qu'elle.

Ses cris ont réveillé les enfants et bientôt toute la famille se retrouve devant la porte de la caravane que monsieur Buzet a laissée ouverte avant de se sauver[16]. Fifi est revenu. Il reste derrière David et aboie furieusement sans oser approcher. Elliot ne dort plus, lui non plus. Il ouvre un œil, se lève lentement et se dirige vers David afin de voir ce qui provoque tout ce bruit.

Les voisins, alertés[17] par les cris de madame Buzet, sont venus proposer leur aide.

Chacun donne son avis : ce n'est sûrement pas un serpent dangereux …, l'animal a dû s'installer dans la caravane quand monsieur Buzet est venu la semaine dernière …, il faudrait trouver un moyen de le faire sortir … Tout le monde a des idées mais personne n'ose entrer dans la caravane dont la porte est toujours ouverte.

Monsieur Lefranc, propriétaire du camping, très courageux et sûr de lui, s'est armé d'un[18] bâton et explique qu'en le frappant derrière la tête, on peut tuer net[19] le plus gros des serpents. Il suffit de faire très attention, et de ne pas manquer son coup[20] car un serpent attaqué peut être très dangereux. Il continue ses explications sans montrer la plus petite intention[21] d'entrer dans la caravane.

Fifi tourne autour d'Elliot en aboyant :

– Tu te rends compte ! Je lui ai fait très peur hier soir et il est revenu quand même ! Attends, tu vas voir, je vais lui

---

15 *se précipiter* – sich stürzen
16 *se sauver* – hier: fliehen
17 *alerté, -e* – alarmiert
18 *s'armer de quelque chose* – sich mit etwas bewaffnen
19 *net* – schlagartig
20 *manquer son coup* – daneben schlagen
21 *l'intention (f.)* – Absicht

montrer qui est le chef ici !

Le petit chien pousse des cris qu'il croit terrifiants[22] mais reste à bonne distance de la caravane, sous la protection de David.

Alors, comme s'il était fatigué par tout ce bruit, Elliot décide que tout cela a assez duré. Il s'avance sans bruit, entre sans hésiter dans la caravane et fixe le serpent sans le quitter des yeux. Hypnotisé par le regard du chien, le serpent ne bouge plus. Profitant aussitôt de la situation, monsieur Lefranc frappe le serpent avec son bâton. L'animal essaie de se sauver mais Elliot pose sur lui ses grosses pattes[23] et le tient prisonnier. David et Marion qui entendent un grand bruit dans la caravane n'osent pas s'approcher de la porte et ont très peur pour leur chien. Enfin monsieur Lefranc ressort de la caravane avec, autour du bâton, l'animal qu'il a réussi à tuer avec l'aide d'Elliot. Tout le monde est soulagé[24].

Le serpent qui leur a fait si peur était une grosse couleuvre[25] de 1,20 mètre, un animal que l'on rencontre assez souvent dans le sud de la France, mais qui n'est pas dangereux.

---

22 *terrifiant, -e* – erschreckend
23 *la patte* – Pate
24 *soulagé, -e* – erleichtert
25 *la couleuvre* – Blindschleiche

Quelques jours plus tard, alors que tous les habitués[26] du camping sont arrivés en vacances, tout le monde parle de cette couleuvre … Certains jouent les courageux, d'autres ne sont pas rassurés. Et s'il y en avait d'autres dans le camping ?

Tout le monde est d'accord pour remercier M. Lefranc et récompenser[27] Elliot, héros[28] d'un jour. On organise une petite fête. Les campeurs en profitent pour boire ensemble le verre de l'amitié et on remet à Elliot une magnifique médaille que les enfants ont fabriquée avec une boîte de camembert.

---

26 *l'habitué, -e* – Stammkunde, Stammkundin
27 *récompenser* – belohnen
28 *le héros* – Held

Une catastrophe à Toulouse

Toulouse, 11 septembre 2001, 17 heures.

Christophe Martin quitte son lycée pour rentrer chez lui. Il est pressé. Après les cours, il a joué au football avec ses copains et il a encore beaucoup de devoirs à faire pour le lendemain. Il cherche des yeux la voiture bleue de son père qui l'attend souvent, devant l'école, pour rejoindre avec lui le domicile[1] de la famille. Le père de Christophe est ingénieur chez AZF, une entreprise multinationale qui fabrique des produits chimiques, à Toulouse.

Ce soir, personne n'attend Christophe. Tant pis, il va rentrer seul et se met vite en route vers la grande maison où il habite avec sa sœur et ses parents dans un quartier du centre-ville.

En chemin, Christophe pense aux vacances qu'il a passées avec son cousin Thierry qui est aussi son meilleur copain. Thierry a quatorze ans comme lui, et il habite à New York. Cet été, il est venu à Toulouse, mais l'année prochaine, c'est Christophe qui ira passer les grandes vacances en Amérique, chez son oncle et sa tante.

En arrivant à la maison, Christophe voit la voiture de son père devant le garage. Bizarre ... Il est déjà rentré ?

---

1 *rejoindre le domicile* – nach Hause gehen

Pourquoi est-ce qu'il ne l'a pas attendu comme d'habitude ? Sa mère ouvre la porte. Elle a pleuré. Christophe comprend tout de suite que quelque chose de grave s'est passé. La télévision est allumée, cela non plus n'est pas normal. Il écoute et apprend qu'une terrible catastrophe a eu lieu à Manhattan. Deux avions ont percuté[2] les deux tours du World Trade Center. En quelques minutes, les deux bâtiments se sont effondrés[3], faisant des milliers de victimes. La famille de Thierry habite loin de ce quartier mais le bureau de l'oncle Dick est situé dans Manhattan. Les communications téléphoniques sont bloquées, impossible d'avoir des nouvelles. Enfin, après de longues heures d'angoisse[4], le téléphone sonne. La maman de Thierry les rassure[5]. Toute la famille va bien, l'oncle Dick n'était pas à son bureau au moment de la catastrophe, mais beaucoup de leurs amis sont morts.

On parle d'un attentat et on accuse[6] des terroristes arabes d'être à l'origine de cette horrible catastrophe. Christophe ne comprend pas. Il pense à ses copains arabes du lycée, à son ami Amir qui est le capitaine de l'équipe de football. Ce sont tous des garçons très gentils avec lesquels il s'entend bien. Sur l'écran de la télévision, les mêmes images repassent sans cesse[7] pendant que le journaliste conseille[8] aux téléspectateurs de ne pas prendre l'avion, d'éviter[9] si possible les gares, les grands magasins, tous les endroits où une bombe pourrait éclater. Christophe a peur, ses parents ont peur, la ville de Toulouse, comme le reste du monde, commence à avoir peur.

---

2 *percuter* – hier: hineinfliegen
3 *s'effondrer* – einstürzen
4 *l'angoisse (f.)* – Angst, Beklemmung
5 *rassurer* – beruhigen
6 *accuser* – beschuldigen
7 *sans cesse* – dauernd
8 *conseiller* – empfehlen
9 *éviter* – vermeiden

Toulouse, 21 septembre 2001, 10 heures 30 du matin.

Au lycée Bellevue, Christophe est assis à côté d'Amir. Les deux garçons écoutent les explications du professeur de mathématiques quand une terrible explosion fait trembler[10] les murs de l'école. Les fenêtres de la salle de classe se brisent[11], il y a des morceaux de verre un peu partout. Tout le monde crie, quelques filles pleurent, heureusement personne n'est blessé. Le professeur a juste le temps de calmer ses élèves et de leur demander de sortir vite de la classe quand une deuxième explosion, encore plus forte que la première provoque une véritable panique parmi les enfants qui se précipitent[12] au dehors.

En peu de temps, le directeur a rassemblé[13] tout le monde dans la grande cour du lycée. Tous les élèves n'ont pas eu la chance de Christophe, et quelques-uns ont été blessés par des éclats de verre[14]. Personne ne sait ce qui s'est passé. On ne sait pas non plus où ont eu lieu les deux explosions. Au loin, on entend les ambulances et les voitures des pompiers[15]. Des professeurs emmènent eux-mêmes les enfants blessés à l'hôpital pendant que Christophe et ses copains rentrent chez eux.

Dans le centre-ville, les habitants de Toulouse sont sous le choc. Les vitrines des magasins ont explosé. La panique gagne[16] rapidement les Toulousains qui, dans leur voiture, veulent rentrer chez eux le plus vite possible. En quelques minutes, toutes les rues sont bloquées, la circulation est devenue impossible. Chacun a très peur pour sa famille, ses enfants,

---

10 *trembler* – hier: beben
11 *se briser* – bersten
12 *se précipiter* – sich stürzen
13 *rassembler* – versammeln
14 *un éclat de verre* – Glassplitter
15 *le pompier* – Feuerwehrmann
16 *gagner* – hier: ergreifen

ses amis. On ne peut plus téléphoner. Même avec un téléphone portable, aucune communication ne peut passer. Une odeur[17] désagréable commence à se répandre[18] sur la ville et peu après, une voiture de police munie[19] d'un haut-parleur demande à tous les habitants de rester chez eux et de fermer les portes et les fenêtres. Mais comment faire quand il n'y a plus ni portes ni fenêtres ?

La maison de Christophe est intacte[20], il est rassuré. Pourtant, quand sa mère lui ouvre la porte, elle est en pleurs[21], comme il y a dix jours. Elle lui apprend que les deux terribles explosions qu'il a entendues à l'école venaient de l'usine AZF et qu'elle est sans nouvelles de son père. À la radio, on annonce de nombreuses victimes, il y a beaucoup de morts et de blessés graves, surtout parmi le personnel de l'usine. Christophe a très peur et lorsqu'un journaliste de la télévision parle d'un éventuel attentat, comme celui du World Trade Center, le jeune garçon sent la haine[22] et la colère[23] se mêler à son angoisse.

Toulouse, 22 septembre 2001, 8 heures du matin.

Christophe n'a pas beaucoup dormi la nuit dernière. Pendant de longues heures, il est resté à côté de sa mère à attendre des nouvelles de son père. Enfin à trois heures du matin, un collègue est venu leur dire que monsieur Martin était à l'hôpital avec une légère blessure[24] et qu'il allait bientôt rentrer.

Christophe est rassuré. Il n'a plus peur mais il est toujours

---

17 *l'odeur (f.)* – Geruch
18 *se répandre* – sich ausbreiten
19 *muni, -e* – ausgestattet mit
20 *intact, -e* – unbeschädigt
21 *en pleurs* – weinend
22 *la haine* – Hass
23 *la colère* – Wut
24 *la blessure* – Verletzung

en colère et les images qui passent et repassent à la télévision ne sont pas faites pour le calmer : des maisons démolies[25], des voitures écrasées[26], des morts, des blessés, des gens qui pleurent. Et toujours la même question sans réponse : qui a fait cela ? Pourquoi ? Que s'est-il réellement passé ?

On commence à parler d'un accident. L'usine AZF fabrique des produits chimiques très dangereux. Située trop près du centre ville, elle fait courir de grands risques à la population de Toulouse. Un groupe d'experts, chargés de mener une enquête afin de[27] trouver l'origine[28] de la catastrophe, se met tout de suite au travail. Sans résultat. L'usine a été complètement détruite et il est impossible de trouver ce qui a pu provoquer l'explosion. Alors, comme il faut bien trouver une explication, on reparle d'un attentat. Traumatisés[29] par ce qui s'est passé à New York il y a moins de deux semaines, beaucoup de Toulousains sont sûrs que leur ville a été victime d'un acte terroriste. Christophe, lui, ne sait plus quoi penser. Les jeunes terroristes ont menacé[30] de continuer « leur guerre » dans le monde entier, et la grande ville de Toulouse avec Airbus est une cible[31] idéale.

Toulouse, 29 septembre 2001, une semaine après l'explosion.

Malgré des recherches actives dans les ruines de l'usine AZF, les experts n'ont toujours pas trouvé les causes de l'explosion. On sait déjà qu'il sera bien difficile de savoir un jour s'il s'agit d'un attentat ou d'un accident dû à[32] une faute profes-

---

25 *démoli, -e* – zerstört
26 *écrasé, -e* – zerdrückt
27 *afin de* – um ... zu
28 *l'origine (f.)* – Ursache
29 *traumatisé, -e* – geschockt
30 *menacer* – drohen
31 *la cible* – Ziel(scheibe)
32 *dû à* – verursacht durch

sionnelle. La catastrophe a fait trente morts et des centaines de blessés, sans compter les dégâts[33] matériels qui sont énormes. La plupart des victimes se trouvaient dans les magasins, les écoles, les maisons et les bâtiments situés près de l'usine. Deux lycées ont été complètement détruits, mais heureusement l'explosion a eu lieu à l'heure de la récréation, les élèves étaient dans la cour, ce qui a réduit[34] le nombre des blessés.

Beaucoup de gens n'ont plus de logement. Leurs maisons n'ont plus de portes, plus de fenêtres, souvent plus de toit. Il faut leur venir en aide aussi vite que possible. La cité universitaire qui se trouve près de l'usine est en partie détruite et il faut trouver des chambres pour les étudiants dont les cours vont commencer dans deux semaines. On fait appel à la solidarité des habitants de Toulouse qui s'organisent pour aider les sinistrés[35].

Les parents de Christophe ont déjà donné leur adresse et leur numéro de téléphone en proposant de recevoir un étudiant chez eux.

Deux semaines plus tard …

Le téléphone sonne. Madame Martin décroche. C'est un appel de l'organisme qui s'occupe de reloger[36] les étudiants. On lui apprend qu'un jeune homme de nationalité française, étudiant en droit, viendra se présenter chez elle le soir même. La chambre est prête et à l'heure prévue, on sonne à la porte. Christophe va ouvrir. Un jeune Arabe se tient devant lui, souriant, une grosse valise à la main. Devant la surprise de Christophe et de ses parents qui ne peuvent pas cacher leur

---

33 *le dégât* – Schaden
34 *réduire* – verringern
35 *sinistrés (m. pl.)* – Opfer einer Katastrophe
36 *reloger* – wieder unterbringen

étonnement[37], le jeune homme explique qu'il n'a pas osé dire qu'il était Algérien. Il a l'habitude de se voir rejeté[38] à cause de ses origines et il a eu peur de ne pas trouver de logement, surtout après les événements[39] des dernières semaines. Ce garçon qui s'appelle Mohammed, se montre tout de suite très sympathique, et, de plus , il joue au football comme Christophe.

Un mois plus tard, les parents de Mohammed qui habitent à une cinquantaine de kilomètres de Toulouse ont invité la famille Martin à leur rendre visite. Ils sont reçus avec beaucoup de gentillesse et de générosité. C'est la première fois que Christophe est invité dans une famille algérienne. Il y retrouve la même chaleur, les mêmes disputes entre frères et sœurs, le même amour des parents pour leurs enfants que dans sa propre famille. Il comprend la maman de Mohammed quand elle raconte sa peur pour son fils au moment de l'explosion et son soulagement[40] quand il a pu lui téléphoner pour lui dire qu'il était sain et sauf[41]. Elle est très reconnaissante[42] à la famille de Christophe d'avoir accueilli Mohammed spontanément. Monsieur et Madame Martin ne disent rien. Comme Christophe, ils sont un peu gênés. Ils n'ont pas choisi Mohammed et s'ils avaient su qu'il était Arabe, ils auraient certainement hésité[43] à le prendre chez eux. Il y a des choses qui sont difficiles à expliquer et dont il vaut mieux ne pas parler. Aujourd'hui, ils sont heureux de vivre avec l'étudiant qui fait maintenant partie de la famille. Monsieur Martin parle

---

37 *l'étonnement (m.)* – Erstaunen
38 *rejeter* – zurückweisen
39 *l'événement (m.)* – Ereignis
40 *le soulagement* – Erleichterung
41 *sain et sauf* – unversehrt
42 *reconnaissant, -e* – dankbar
43 *hésiter* – zögern

de leur vie à Toulouse, du plaisir qu'ils ont à loger le jeune Algérien qui est devenu le grand copain de Christophe et il déclare que Mohammed pourra garder sa chambre aussi longtemps qu'il le voudra.

Après un bon repas, ces deux familles, qui ne se seraient sans doute jamais connues sans le hasard[44] d'une catastrophe et que les circonstances[45] ont rapprochées, se quittent en se promettant de se revoir.

44 *le hasard* – Zufall
45 *la circonstance* – Umstand

Le « retournement[1] des morts », une tradition à Madagascar

Madagascar est une grande île de 592 000 km², située à l'est de l'Afrique, dans l'océan Indien. Ancienne[2] colonie française, elle est indépendante depuis 1960. Ses habitants, originaires[3] d'Afrique et d'Asie du Sud-Est, sont encore aujourd'hui très attachés[4] à des traditions très anciennes comme le culte des morts. Dans ce pays, la tombe[5] d'un mort est plus importante que la maison d'un vivant.

À l'époque où Madagascar était encore une colonie française, j'ai eu le privilège d'être invitée à une cérémonie familiale appelée « le famadihana », ce qui signifie « le retournement des morts ». Il s'agit plus exactement d'une « promenade » des morts qui donne lieu à de grandes fêtes familiales. Les familles économisent[6] parfois pendant plusieurs années pour pouvoir financer cette cérémonie.

On ouvre le tombeau[7] familial et on en sort les corps qui

---

1 *le retournement* – das Umdrehen, Wenden
2 *ancien, -ne* – hier: ehemalig
3 *originaire* – stammend
4 *attaché, -e* – verbunden
5 *la tombe* – Grab
6 *économiser* – sparen
7 *le tombeau* – Grabmal, Gruft

sont enveloppés dans un « lambamena », une sorte de drap de soie[8]. Ces corps sont alors transportés sous une grande tente où on les aligne[9] sur des planches[10] en bois avant de changer les linceuls[11] en mauvais état pour les remplacer par d'autres. On m'a fait entrer dans cette tente, et, à mon grand étonnement[12], on m'a présenté très naturellement les grands-parents, les oncles, les tantes et autres membres[13] de la famille, morts depuis longtemps.

Un bœuf avait été sacrifié[14] pour le repos[15] des morts, puis grillé[16] sur place, et j'ai pris part au repas familial qui s'est déroulé[17] dans la joie. En effet, à Madagascar, la mort n'est pas considérée comme quelque chose de triste, bien au contraire. La fête, accompagnée de danses et de chants, dure plusieurs jours selon[18] la somme d'argent économisée.

Le dernier jour, les morts sont enroulés[19] chacun dans une natte[20]. Portés sur les épaules des membres de leur famille, on les promène sept fois autour du monument qui leur sert de tombe. Puis ils sont replacés sur leur lit de pierre à l'intérieur[21] du tombeau pour y reposer jusqu'au prochain retournement.

---

8 *le drap de soie* – Seidentuch
9 *aligner* – in eine gerade Linie stellen
10 *la planche* – Brett
11 *le linceul* – Leichentuch
12 *l'étonnement (m.)* – Erstaunen, Verwunderung
13 *le membre* – hier: Mitglied
14 *sacrifier* – opfern
15 *le repos* – (Toten-)Ruhe
16 *griller* – braten, grillen
17 *se dérouler* – verlaufen, sich abspielen
18 *selon* – je nach, entsprechend
19 *enrouler* – einwickeln
20 *la natte* – Strohmatte
21 *à l'intérieur* – im Inneren

Une machine à laver les oiseaux

Parmi les inventions[1] les plus remarquables du siècle passé, la machine à laver est considérée comme l'une des plus utiles. Mais pouvait-on imaginer, quand on l'a inventée, qu'elle servirait un jour à laver des oiseaux ?

Nous sommes en janvier 2000. Sur les côtes atlantiques françaises, des milliers d'oiseaux sont pris au piège[2] d'une marée noire[3] … Le responsable[4] de cette catastrophe écologique est un pétrolier[5] qui s'est ouvert en deux parties après un naufrage[6] non loin des côtes bretonnes. Du haut du ciel[7], les oiseaux confondent[8] les nappes de pétrole[9] qui sortent du bateau, avec des bancs de poissons[10]. Ceci explique leur plongeon[11] dans ce piège mortel[12].

Pour essayer de sauver[13] ces malheureux oiseaux couverts de pétrole, on a créé des centres de soins[14] dont le nombre est malheureusement insuffisant. Mais comment nettoyer ce

---

1 *l'invention (f.)* – Erfindung
2 *prendre au piège* – in die Falle bekommen
3 *la marée noire* – Ölpest
4 *responsable* – verantwortlich
5 *le pétrolier* – (Öl-)Tanker
6 *le naufrage* – Schiffbruch
7 *le ciel* – Himmel
8 *confondre* – verwechseln
9 *la nappe de pétrole* – Ölteppich
10 *le banc de poissons* – Fischschwarm
11 *le plongeon* – Kopfsprung
12 *mortel, -le* – tödlich
13 *sauver* – retten
14 *le soin* – Pflege

pétrole noir et collant[15] ? Un lavage à la main est long et difficile.

Or, il y a cinq ans, après le naufrage[16] d'un autre pétrolier sur les côtes anglaises, un ornithologue[17], Jean-Pierre Jacques, a eu l'idée d'appliquer[18] le principe de la machine à laver, pour nettoyer les oiseaux pollués.

L'oiseau est placé dans un cylindre, les ailes[19] ouvertes et la tête hors de[20] l'eau. Un jet[21] d'eau qui fonctionne comme un mini Kärcher monte et descend le long des plumes[22] de l'animal. On commence par mettre un produit spécial pour enlever le pétrole, puis du shampoing, et après un bon rinçage[23], notre oiseau est tout propre. Malheureusement, il n'existe qu'une seule entreprise qui fabrique ce type d'appareil, et il n'y a pas assez de machines à laver les oiseaux pour venir au secours de tous les animaux touchés par cette catastrophe.

De plus, il ne suffit pas de nettoyer les animaux avant de les remettre aussitôt dans leur milieu[24] naturel, il faut d'abord les réacclimater dans des piscines spécialisées. Pourquoi ces piscines ? On y reproduit les bruits et les chants des oiseaux, pour que les animaux traumatisés reprennent goût[25] à la vie avant de retrouver leur copains au-dessus de la mer.

---

15 *collant, -e* – klebrig
16 *le naufrage* – Untergang, Schiffbruch
17 *l'ornithologue (m.)* – Ornithologe, Vogelkundler
18 *appliquer* – anwenden
19 *l'aile (f.)* – Flügel
20 *hors de* – aus … heraus, außerhalb
21 *le jet* – Strahl
22 *la plume* – Feder
23 *le rinçage* – Spülung
24 *le milieu* – hier: Umwelt
25 *reprendre goût* – wieder Geschmack/Gefallen finden

Sur la trace[1] des ours[2]

Nous sommes dans le sud de la France, là où les Pyrénées forment une barrière montagneuse entre la France et l'Espagne. L'ours occupait autrefois une place importante dans la vie des habitants de cette région. Quelques-uns de ces montagnards[3] vivaient seuls, dans des cabanes[4] au milieu des rochers[5] et des grands arbres, pour chasser ces animaux et ensuite vendre leur fourrure[6].

Mais les ours étaient si nombreux qu'ils représentaient un grand danger pour les bergers[7] qui avaient peur pour leurs troupeaux[8] et qui se regroupaient pour protéger leurs animaux. La forêt était aussi dangereuse pour les gens qui s'y promenaient seuls, car les ours ne tuaient pas seulement les moutons et quand une mère ourse croyait ses petits en danger elle s'attaquait aussi à l'homme. On organisait alors des chasses pour tuer ou capturer[9] l'ours. Mais l'ours n'était pas seulement recherché[10] pour sa fourrure, c'était aussi un animal de spectacle. Debout sur ses pattes[11], l'ours des Pyrénées pouvait atteindre 1,70 mètre. Capturé très jeune, il était ensuite dressé.

---

1 *la trace* – Spur
2 *l'ours, -e* – Bär, -in
3 *montagnard, -e* – Bergbewohner, -in
4 *la cabane* – Holzhütte
5 *le rocher* – Felsen
6 *la fourrure* – Pelz
7 *le berger, la bergère* – Schäfer, -in
8 *le troupeau* – Herde
9 *capturer* – fangen
10 *recherché, -e* – begehrt, beliebt, gefragt
11 *la patte* – Pfote, Bein

Daniel a refermé sans bruit la porte de sa maison située au pied de la montagne. Il est 6 heures du matin et Daniel part à la chasse. Une chasse sans fusil[12]. Ses armes[13] sont deux antennes, un récepteur-radio, une voiture et beaucoup de patience[14]. Son gibier[15] : le signal envoyé par un émetteur fixé sur le collier[16] d'un ours. Ce collier, c'est Pyros, un ours venu de Slovénie, qui le porte. Cet animal a été lâché[17] en mai 1997 dans les Pyrénées centrales. Aujourd'hui, l'ours, animal en voie de disparition[18], est protégé et remis dans son milieu naturel.

Daniel est un des membres d'une équipe de spécialistes qui étudient le comportement[19] des ours en essayant de suivre leurs traces.

En 1999, ils sont cinq : deux mères ourses et trois oursons[20]. Ces ours qui font l'objet d'études scientifiques doivent être localisés afin de pouvoir dire aux bergers et aux éventuels promeneurs où ils se trouvent. Cependant, il n'est pas facile de suivre ces animaux car ils se déplacent[21] sur des territoires souvent éloignés[22] dans la montagne. De plus, les jeunes ours, nés de l'une des ourses, Melba, n'ont pas encore de collier.

---

12 *le fusil* – Gewehr
13 *l'arme (f.)* – Waffe
14 *la patience* – Geduld
15 *le gibier* – Jagdwild
16 *le collier* – Halsband
17 *lâcher* – hier: freilassen
18 *en voie de disparition* – vom Aussterben bedroht
19 *le comportement* – Verhalten
20 *l'ourson (m.)* – junger Bär
21 *se déplacer* – hier sich bewegen
22 *éloigné, -e* – fern

Il y a deux ans, Melba a été tuée par un chasseur, par accident.

En septembre 1999, on a enfin réussi à capturer un des oursons, Boutxy, âgé de 2 ans. Dans la région, on commençait à connaître Boutxy parce qu'il avait tué beaucoup de moutons. Pour l'attraper, on a mis du miel[23] dans un piège[24].

Après l'avoir endormi, on lui a posé un émetteur dans le ventre, un endroit sûr, pour qu'il ne le perde pas. Puis il a été remis en liberté.

Malgré ces moyens pour les situer, la présence des ours est mal acceptée. Les bergers, surtout, les accusent de s'attaquer à leurs troupeaux. Ils refusent de voir l'ours revenir dans les Pyrénées, même si le gouvernement leur donne une somme d'argent pour chaque animal tué par un ours.

D'autres voient là, au contraire, un moyen de développer le tourisme. On a même prévu d'aménager[25] un parc pour que les visiteurs puissent voir les ours vivre en liberté. Bientôt, parents et enfants pourront les regarder, en passant au-dessus d'eux sur des petits ponts en bois.

En attendant, on peut trouver des ours en peluche[26] qui font toujours rêver les enfants.

Le jour se lève dans une petite vallée[27] des Pyrénées. Nous sommes le 10 mars 2001 et cette date est très attendue par les pêcheurs car c'est le jour de l'ouverture de la pêche à la

---

23 *le miel* – Honig
24 *le piège* – Falle
25 *aménager* – erschließen
26 *l'ours (m.) en peluche* – Teddybär
27 *la vallée* – Tal

truite[28]. Victor est là avec deux amis. Ils sont partis de Toulouse très tôt en voiture.

Tous les trois marchent avec leur matériel de pêche en direction de la rivière, puis ils se séparent car chacun veut trouver le meilleur endroit pour pêcher.

Victor marche le long de la rivière. Ce matin il fait froid et il y a encore de la neige sur le sol. Soudain il voit des traces de pas[29] de la même taille que les siennes. Il pense à un animal. Mais il continue de marcher car ce sont les truites qu'il va pêcher qui l'intéressent.

Dix minutes plus tard, le jour est vraiment levé et là encore sur la neige, il voit de nouvelles traces. Elles sont fraîches. Il continue d'avancer mais cette fois il a peur car il y a des bruits de branches[30] brisées et les craquements[31] se rapprochent. Brusquement à 20 mètres de lui, il voit une masse sombre sur quatre grosses pattes. Un ours ! Victor a si peur qu'il ne peut plus bouger. La sueur[32] coule sur son visage. Son cœur bat très vite. Cet animal est énorme. Victor réagit. Il comprend qu'il doit faire demi-tour[33] rapidement. Il ne pense

28 *la truite* – Forelle
29 *la trace (de pas)* – (Fuß-)Spur
30 *la branche* – Ast
31 *le craquement* – Knacken
32 *la sueur* – Schweiß
33 *faire demi-tour* – umkehren

plus aux truites. Il court le plus vite possible jusqu'à sa voiture et appelle ses amis. Heureusement l'ours ne l'a pas suivi.

Il raconte son aventure à ses amis et, plus tard, à l'équipe de surveillance des ours. L'endroit[34] décrit par Victor correspond au territoire d'un des oursons, peut-être à celui de Boutxy, qui a maintenant 4 ans. Celui-ci est sorti de sa période de sommeil[35] de l'hiver et cherche sans doute de la nourriture. Boutxy est descendu dans la vallée pour y chercher du miel, ce qu'il aime plus que tout.

Victor a eu la peur de sa vie. Il ne partira plus pêcher seul en montagne, même en suivant les conseils[36] des spécialistes : « Rester calme, ne pas courir et marcher dans la direction opposée[37] à celle de l'ours. » Plus facile à dire qu'à faire !

---

34 *l'endroit (m.)* – Ort, Stelle
35 *la période de sommeil* – Winterschlaf
36 *le conseil* – Ratschlag
37 *la direction opposée* – entgegengesetzte Richtung

Et si on allait à Londres ?

Je m'appelle Stéphanie et depuis deux ans, j'apprends l'anglais dans un collège de Toulouse, dans le sud-ouest de la France.

Cette année, je suis dans une classe où les professeurs organisent un voyage de 8 jours à Londres. Nous attendons avec beaucoup d'impatience la date de départ fixée au 15 mai.

Pour permettre à tous les élèves de la classe de partir, nous vendons des gâteaux et des pop corns que nous avons faits nous-mêmes. Après les cours, nous lavons aussi les voitures des professeurs et des parents qui veulent nous aider.

Depuis un mois nous ne parlons que de ce voyage. Nous formons des groupes de 2 ou 3 pour être accueillis dans les familles qui nous logeront dans la banlieue de Londres. Je suis heureuse de partir avec ma meilleure amie, Valérie, et nous partagerons la même chambre.

Le jour très attendu du départ approche. Les professeurs se plaignent car nous faisons de moins en moins attention en cours. Pendant la dernière nuit avant le voyage, je suis tellement impatiente que je dors peu.

Le 15 mai au matin, nous nous retrouvons sur le parking devant le collège, très énervés[1]. Un autobus va nous conduire de Toulouse jusqu'à Londres. Le voyage sera fatigant car il y a 1 200 km à faire. Mais ce long voyage ne nous fait pas peur et nous sommes heureux de partir sans nos parents. Le bus paraît confortable. On pourra même voir des films vidéo !

Il est 10 heures, nous prenons l'autoroute en direction de Bordeaux où nous nous arrêterons pour manger à midi. Nous avons emporté deux repas froids car il fallait aussi penser au

---

1 *énervé, -e* – aufgeregt, nervös

dîner. La première partie du voyage est joyeuse, nous chantons et nous ne voyons pas le temps passer.

Après le repas du soir, cela se complique. Les professeurs demandent le silence et il faut essayer de dormir, mais dans la position assise ce n'est pas facile. Certains élèves s'allongent[2] par terre, dans le couloir[3].

À 23 heures, alors que nous venons juste de nous endormir, le bus s'arrête dans le port de Dieppe où nous devons prendre le ferry-boat[4]. Je commence à sentir la fatigue. Les douaniers[5] anglais nous demandent de sortir du bus avec tous nos sacs et nous devons passer devant eux, un par un, en ouvrant nos bagages. J'ai apporté une bouteille d'Armagnac[6] à la famille qui doit me loger. J'espère qu'ils ne la verront pas ! Ouf ! elle était bien cachée sous mes vêtements et ils n'ont pas regardé dans mon sac. Je rêve d'un bon lit et j'ai de plus en plus mal aux jambes.

Deux heures après, nous sommes enfin sur le bateau et nous n'avons plus envie de dormir. Nous courons partout pour découvrir cet immense ferry à 4 étages avec une boutique duty-free où alcool, cigarettes, parfums et chocolats sont en vente à des prix plus bas que chez nous. Nous sommes tentés[7] de dépenser déjà notre argent de poche mais les professeurs nous expliquent que nous trouverons la même chose au retour.

La traversée de la Manche[8] dure trois heures. Malheureusement la mer est mauvaise et nous devons aller sur le pont pour ne pas être malades. Impossible de dormir là, il fait froid

---

2 *s'allonger* – sich hinlegen
3 *le couloir* – Gang
4 *le ferry-boat* – (Auto-, Eisenbahn-)Fähre
5 *le douanier* – Zollbeamter
6 *Armagnac* – Weinbrand *(spécialité de la région de Toulouse)*
7 *être tenté, -e* – avoir envie
8 *la Manche* – Ärmelkanal

et il y a trop de vent.

Arrivés à Brighton, sur le sol[9] anglais, nous reculons[10] nos montres d'une heure pour être à l'heure anglaise. Nous montons de nouveau dans notre bus avec l'espoir de dormir dans n'importe quelle position.

Malheureusement, deux heures après, il faut se réveiller pour le petit déjeuner. Les yeux ont du mal à s'ouvrir. Je regrette[11] de plus en plus mon bon lit et ma petite vie tranquille avec mes parents.

Une odeur[12] de friture[13] nous accueille dans le snack-bar anglais. Voilà le fameux breakfast ! Des œufs frits dans beaucoup d'huile avec du bacon et des toasts de pain de mie[14] avec de la marmelade d'orange. Nous avons tous un peu mal au cœur et nous sommes fatigués par le voyage. Nous rêvons d'un bon petit déjeuner français avec de la baguette ou des croissants. Peu d'entre nous mangent les œufs. Heureusement il reste des biscuits du pique-nique que nous partageons une fois de retour au bus.

Maintenant il fait jour et nous découvrons les voitures qui roulent à gauche dans la campagne anglaise. L'Angleterre ressemble à la

---

9 *le sol* – Boden
10 *reculer* – hier zurückstellen
11 *regretter* – hier vermissen
12 *l'odeur (f.)* – Geruch
13 *la friture* – hier: gebratener Speck
14 *le pain de mie* – Toastbrot

Normandie. Nous aimerions prendre une douche et nous reposer un peu mais ce n'est pas possible car les familles anglaises ne nous accueilleront qu'à la fin de la journée. En attendant, nous allons visiter Londres.

Nous arrivons maintenant dans la capitale anglaise et le bus nous dépose devant le Park St James, près de Buckingham Palace où nous allons voir la relève de la Garde Royale[15].

Il fait très beau et si chaud que des Anglaises sont allongées en maillot de bain sur les pelouses[16] du parc. On est pourtant en pleine ville et non pas à la plage ! Comme j'aimerais m'allonger moi aussi, mais c'est l'heure de la cérémonie royale et il faut s'approcher du palais au milieu d'une foule[17] énorme qui nous bouscule[18]. Pas question de s'asseoir quelque part ! Je crois que ce soir nous n'aurons pas de mal à nous endormir. J'espère que notre famille anglaise sera sympathique et le lit confortable !

---

15 *la relève de la garde royale* – Wachablösung der königlichen Garde
16 *la pelouse* – Rasen
17 *la foule* – Menchenmenge
18 *bousculer* – hier: drängen

***

À la fin de notre première journée de visites à Londres, notre bus nous conduit enfin dans une petite ville de banlieue où nous allons faire connaissance avec les familles qui vont nous accueillir chez elles. Nous sommes un peu inquiets de ce qui nous attend. Le bus s'arrête sur une place et, à l'appel de nos noms, des personnes parfois accompagnées de jeunes enfants se présentent à nous. Je suis heureuse d'apprendre que nous serons plusieurs à loger dans des maisons voisines.

Mrs Smith, une dame de 50 ans environ, nous accueille, mon amie et moi. Elle nous fait comprendre qu'elle n'a pas de voiture et qu'il faut donc aller à pied avec nos bagages jusqu'à sa maison située à quelques rues de là. Mes camarades qui partent en voiture ont bien de la chance ! Cela commence mal. Je ne sens plus mes jambes et mon sac est lourd. Mrs Smith ne parle pas du tout le français et nous allons être obligées de parler anglais. Mais ne sommes-nous pas venues ici pour cela ? Cette dame semble gentille et nous aide à porter nos sacs. Voici sa maison qui est petite mais très propre et confortable avec des tapis[19] épais dans toutes les pièces. Notre chambre est agréable et nous oublions vite la fatigue du si long voyage.

Mrs Smith vit seule et à 18 heures, nous dînons avec elle. Un vrai repas anglais avec de drôles de petits pois très verts et très gros qui accompagnent du poisson frit (encore une friture !). Comme dessert, nous avons une sorte de gélatine couleur rose et très sucrée. Nous essayons de nous comprendre mais cet anglais est plus difficile qu'au collège. Avec des gestes nous finissons par nous comprendre (chez nous dans le Sud, on dit qu'on parle avec les mains !). Après le repas, nous pouvons retrouver nos camarades dans un square[20]

---

19 *le tapis* – Teppich
20 *le square* – Park

voisin. Nous échangeons nos premières impressions[21] et je m'aperçois que nous avons beaucoup de chance d'être chez Mrs Smith car quelques-uns de nos camarades ont mal mangé et n'ont pu parler qu'entre-eux, en français, car ils étaient seuls à table.

Pendant que nous bavardons[22], nous voyons un groupe de jeunes venir vers nous avec un air menaçant[23]. Ils ont les cheveux rasés et portent des sortes de bâtons[24] avec lesquels il provoquent les garçons. J'ai l'impression qu'ils ne sont pas très contents de voir arriver des Français dans leur quartier. Heureusement nos copains n'aiment pas la bagarre[25] et la peur nous pousse tous à[26] rentrer vite dans nos familles d'accueil. Décidément, l'Angleterre n'est pas aussi accueillante que nous l'imaginions !

***

Deuxième jour à Londres

Ce matin, Mrs Smith nous a donné un pique-nique composé de 2 sandwichs avec du pain de mie, un petit paquet de chips au vinaigre (ça pique[27] et ce n'est pas très bon !) et une pomme. Nous ne sommes pas habitués à manger si peu à midi ! Il faudra utiliser une partie de l'argent de poche pour acheter de la nourriture[28].

21 *l'impression (f.)* – Eindruck
22 *bavarder* – plaudern
23 *menaçant, -e* – drohend
24 *le bâton* – Knüppel, Stock
25 *la bagarre* – Streit, Prügelei
26 *pousser à* – antreiben, veranlassen
27 *ça pique* – hier: es ist scharf
28 *la nourriture* – Nahrung

Le bus nous amène d'abord faire le tour des principaux monuments de Londres pour nous permettre de nous repérer[29]. On nous montre en particulier Big Ben qui est l'endroit où nous devons aller si nous nous perdons au cours des visites. Cette tour qui porte une horloge[30] célèbre se trouve à côté du parlement et se voit de loin. Nous avons chacun un plan de la ville et le numéro de téléphone de la famille qui nous loge.

Après le repas de midi, nous avons deux heures de temps libre dans le quartier le plus commerçant de Londres où se trouve la fameuse Carnaby Street. Dans cette rue il y a beaucoup de magasins qui vendent un tas de choses à la mode et notre argent de poche nous paraît léger devant tout ce qui nous tente[31]. Il n'est pas facile de s'habituer à la monnaie anglaise et on calcule chaque fois le prix en euros pour voir si ce n'est pas trop cher. Les CD sont beaucoup moins chers que chez nous par exemple. Il faut aussi faire attention à ne pas se faire voler nos sacs au milieu d'une foule très nombreuse.

Les deux heures de liberté passent trop vite et il faut déjà retourner au bus. Au moment de partir, on s'aperçoit qu'il manque deux garçons : Jean-Philippe et Pascal. On attend un bon moment et comme on ne les retrouve pas, le bus va devant Big Ben où nous espérons tous qu'ils sont allés.

---

29 *se repérer* – hier: sich orientieren
30 *l'horloge (f.)* – (Turm-)Uhr
31 *tenter* – hier: verlocken, reizen

Il y a beaucoup de circulation et le bus n'a pas le droit de stationner à l'endroit où les garçons devraient se trouver. Nous regardons tous par les fenêtres pour essayer de les voir mais pas de traces[32] de nos camarades. Trois fois le bus fait le tour pour passer devant Big Ben. Toujours personne. Finalement un professeur descend et part les chercher pendant que nous continuons à tourner. Au bout d'une heure d'inquiétude, les voilà enfin avec notre professeur. Ils font de grands signes pour que nous nous arrêtions.

Une fois dans le bus, nous apprenons qu'ils s'étaient perdus, avaient pris un taxi pour Big Ben, mais comme ils étaient fatigués, ils s'étaient allongés sur la pelouse derrière la tour et s'étaient endormis. Voilà pourquoi nous ne pouvions pas les voir et eux non plus.

***

Notre séjour à Londres passe très vite, trop vite. Chaque jour, nous visitons des monuments très intéressants. Nous sommes obligés de partir tôt le matin car nous devons rouler deux heures en bus avant d'arriver dans le centre-ville de la capitale anglaise.

32 *la trace* – Spur

À Londres, la circulation est aussi difficile qu'à Paris, et le soir, au retour, ce sont les mêmes embouteillages[33] que chez nous. Dans la City, les bureaux ferment tous les jours à 17 heures. Les rues se remplissent alors d'Anglais en costumes sombres[34], un attaché-case[35] à la main et l'inséparable parapluie. Les magasins ferment aussi à la même heure et tout le monde reprend sa voiture au même moment. Notre bus se retrouve toujours au milieu de ce trafic avant de nous ramener dans notre petite ville de banlieue.

Il fait beau tous les jours et nos familles d'accueil nous donnent un pique-nique que nous mangeons dans un des nombreux parcs de Londres. Mais les sandwiches au pain de mie et les chips ne calment pas notre appétit ! Il faut acheter autre chose et une grande partie de notre argent de poche sert à acheter quelque chose à manger. Quelle différence avec la nourriture française ! Nous avons du mal à nous habituer aux repas anglais, et toute notre classe rêve de saucisson, de steak-frites, de camembert et d'une bonne baguette bien fraîche.

Notre dernière visite a été une des plus intéressantes. En effet, il n'était pas question de venir à Londres sans aller voir les bijoux[36] de la couronne. Nous avons dû attendre deux heures avant de pouvoir

33 *l'embouteillage (m.)* – (Verkehrs-)Stau
34 *sombre* – dunkel
35 *l'attaché-case (m.)* – Aktenkoffer
36 *le bijou* – Juwel

entrer dans la salle du Trésor et ensuite nous sommes passés très vite devant les vitrines car il était interdit de s'y arrêter. Dommage ! j'aurais bien aimé avoir le temps d'admirer ces pierres précieuses[37], mais il fallait avancer sans arrêt, les uns derrière les autres, sous le regard des policiers qui nous surveillaient[38].

Dans l'ensemble, nous garderons tous un bon souvenir de ce séjour à Londres qui nous a bien plu et pendant lequel nous avons appris beaucoup de choses sur la vie des Anglais. Le retour à Toulouse nous a paru beaucoup plus rapide que l'aller. Nous étions tous si fatigués que nous avons dormi pendant tout le voyage, et nos parents nous ont trouvés bien calmes à notre descente du bus !

37 *la pierre précieuse* – Edelstein
38 *surveiller* – hier: beobachten

Ihre Meinung ist uns wichtig!

Ihre Anregungen sind uns immer willkommen. Bitte informieren Sie uns mit diesem Schein über Ihre Verbesserungsvorschläge!

Titel-Nr.	Seite	Vorschlag

Bitte hier abtrennen

Die echten Hilfen zum Lernen ...

STARK

Bitte hier abtrennen

Zutreffendes bitte ankreuzen! Die Absenderin/der Absender ist:

- ☐ Lehrer/in den Klassenstufen: ____
- ☐ Fachbetreuer/in
  Fächer: ____
- ☐ Seminarlehrer/in
  Fächer: ____
- ☐ Regierungsfachberater/in
  Fächer: ____
- ☐ Oberstufenbetreuer/in
- ☐ Schulleiter/in
- ☐ Leiter/in Lehrerbibliothek
- ☐ Leiter/in Schülerbibliothek
- ☐ Referendar/in, Termin 2. Staats-
  examen: ____
- ☐ Sekretariat
- ☐ Schüler/in, Klasse: ____
- ☐ Eltern
- ☐ Sonstiges: ____

STARK Verlag
Postfach 1852
85318 Freising

Bitte ausfüllen und im frankierten Umschlag an uns einsenden. Für Fensterkuverts geeignet.

14-V1M

Kennen Sie Ihre Kundennummer? Bitte hier eintragen.

Absender (Bitte in Druckbuchstaben!)

Name/Vorname

Straße/Nr.

PLZ/Ort

Telefon privat

Geburtsjahr

E-Mail

Schule/Schulstempel (Bitte angeben!)

Unterrichtsfächer: (Bei Lehrkräften!)

(Bitte blättern Sie um)

Englisch

Englisch 5. Klasse G8 BY .... Best.-Nr. 90505
Englisch 5. Klasse .... Best.-Nr. 50505
Englisch 6. Klasse .... Best.-Nr. 90506
Englisch 7. Klasse .... Best.-Nr. 90507
Englisch 8. Klasse .... Best.-Nr. 90508
Englisch 9. Klasse .... Best.-Nr. 90509
Englisch 10. Klasse .... Best.-Nr. 90510
Textproduktion 9./10. Klasse .... Best.-Nr. 90541
Englisch – Übertritt in die Oberstufe .. Best.-Nr. 82453

Englisch Leseverstehen

Leseverstehen 5. Klasse .... Best.-Nr. 90526
Leseverstehen 6. Klasse .... Best.-Nr. 90525
Leseverstehen 8. Klasse .... Best.-Nr. 90522
Leseverstehen 10. Klasse .... Best.-Nr. 90521

Englisch Rechtschreibung

Rechtschreibung und Diktat
5. Klasse mit 3 CDs .... Best.-Nr. 90531

Rechtschreibung und Diktat
6. Klasse mit CD .... Best.-Nr. 90532

Englische Rechtschreibung
9./10. Klasse .... Best.-Nr. 80453

Englisch Wortschatzübung

Wortschatzübung 5. Klasse mit CD .... Best.-Nr. 90518
Wortschatzübung 6. Klasse mit CD .... Best.-Nr. 90519
Wortschatzübung Mittelstufe .... Best.-Nr. 90520

Englisch Übersetzungen

Translation Practice 1 / ab 9. Kl. ...... Best.-Nr. 80451
Translation Practice 2 / ab 10. Kl. .... Best.-Nr. 80452

Englisch Hörverstehen

Hörverstehen 5. Klasse mit CD .... Best.-Nr. 90512
Hörverstehen 6. Klasse mit CD .... Best.-Nr. 90511
Hörverstehen 7. Klasse mit CD .... Best.-Nr. 90513
Hörverstehen 9. Klasse mit CD .... Best.-Nr. 90515
Hörverstehen 10. Klasse mit CD ...... Best.-Nr. 80457

Englisch Lektüren

Alan Cartmell: *The Adventures of Larry Lemming*
Unterstufe .... Best.-Nr. 250030

Alan Cartmell: *Harry Hegdehog*
Unterstufe .... Best.-Nr. 250032

Alan Cartmell: *A Dog Called Leo*
Unterstufe .... Best.-Nr. 250033

Alan Cartmell: *The Green Feather*
Unterstufe .... Best.-Nr. 250034

Liam Cleary: *Echoes and Other Short Stories*
Mittelstufe .... Best.-Nr. 250008

Rainer Jacob: *Abenteuergeschichten 1*
Mittelstufe .... Best.-Nr. 80454

Ratgeber für Schüler

Richtig Lernen – Tipps und Lernstrategien
Unterstufe .... Best.-Nr. 10481

Richtig Lernen – Tipps und Lernstrategien
Mittelstufe .... Best.-Nr. 10482

14-V1M